1

Homo-Sapiens Experiment

© *Jean-Luc Libersat*

Editeur BoD-Books on Demand
12-14 rond point des Champs Elysées
75008 Paris – France
Impression BoD-Books on Demand Allemagne

ISBN: 9 782 322 139002

Dépot légal: Février 2017

Homo-Sapiens Experiment

(Textes épars)

Jean-Luc Libersat

Du même auteur:

Brumes

La Pensée Universelle,1986

Quand ils auront coupé
le dernier arbre,
pollué le dernier ruisseau,
pêché le dernier poisson,
alors ils s'apercevront que
l'argent ne se mange pas.

Sitting Bull (Tatanka Iyotaka)
1831-1890
Chef Sioux Hunkpapas Lakota.

L'aurore

Il avait peur
Il était oppressé
Ecrasé
Il lui fallait trouver une voie
Impossible de reculer
Et cette douleur
Cette incroyable douleur
Ses souvenirs avaient disparu
Qui était-il
Qu'était-il
Il ne le savait plus
Il ne le savait pas

Où était-il

Il ne le savait plus

Juste avancer

Il ne pouvait plus revenir en
arrière

Pourtant il avait peur

Terriblement peur

Il était écrasé

Poussé en avant

Son cœur battait à une vitesse
ahurissante

Du bruit des éclats sonores

Des éclats de voix

La douleur et la panique le

submergeaient

D'un seul coup

Dans un dernier écrasement

Brutalement

La clarté aveuglante du jour

Il se sentit violemment tiré en
avant

Dans un grand éclat de voix

Et de lumière

Il sentit l'air envahir sa bouche

Et ses poumons

Il se mit à crier

De surprise et de peur

Cette sensation lui était

inconnue
Il sentait l'air rentrer
Et sortir de ses poumons
Il toussa il cracha
Il ruisselait de liquide et de
sang
Il était ballotté
Trituré essuyé
Puis il sentit
Qu'on le posait contre un corps
chaud
Une voix familière
Tentait de l'apaiser
Cette voix vaguement connue

Le rassurait

Il sentait une main douce et
amie

Le caresser

Il finit par s'endormir.

Un enfant naît

Un enfant naît
Animal si nu
Qui a tout à espérer
Et sa vie à perte de vue

C'est un éternel problème
Qui depuis la nuit des temps
Suit les même théorèmes
Façonnés par les vivants

Même à cette heure
Il ne sait pas
Malgré son grand cœur
L'homme qu'il deviendra

Il sera peut-être poète
Ou peut-être bien soldat
Pour se baigner dans les
comètes
Ou pour marcher au pas

Il ne faut pas justifier
C'est une loi de la nature

Il ne faut surtout pas regretter
C'est une éternelle écriture

Faut-il sarrêter de réflèchir
Et rire du monde en
attendant
Se dire le soir avant de
s'endormir
Que nos enfants seront aussi
cons que leurs parents.

Blues

Au bord du chemin
Un homme tendait la main
Il chantait un étrange refrain
Quelque chose de chagrin

C'était le blues d'une âme
oubliée
C'était le blues d'un suicidé
De quelqu'un qui a tout raté
De quelqu'un qui s'est trompé

Je n'ai pas tout compris
Je n'ai pas tout senti
Pourtant sa chanson finie
De ses yeux il m'a souri

Comme pour me dire
Mon frère il faut vivre
Même sans pouvoir rire
Même si ça déchire

Mon frère il faut aimer
Même si ça ne peut durer
Histoire de s'enflammer
Pour vaincre l'obscurité

Alors je suis reparti
Un peu plus étourdi
Un peu plus transi
Un peu plus vieilli.

Brumes (Brumes 86 remixé)

Brumes
Images du temps passé
Souvenirs d'amours déchirées
Même dans les paradis de
l'ivresse
Où la félicité me caresse
Brumes
A quoi bon vouloir résister
Quand on a perdu sa volonté
Douceur d'antiques caresses
Dans mon cœur un goût amer
me laisse

Brumes

Cherchant la lumière du soleil

Qui donne à la vie un goût de
miel

Tel un loup dans la forêt
lugubre

J'erre sans but dans la nuit
obscure

Brumes

Dans ce monde en sommeil

Suis-je seul dans mon triste
éveil

Marchant comme un fantôme
sous la lune

Pour me perdre dans les
marais qui fument
Brumes
Me perdre dans cette nuit sans
fin
Peut-être est-ce là mon destin
Pourtant même dans ce
monde qui meurt
Il doit bien pousser une fleur.

Fumée

C'est un mélange de pleurs
Et de chansons inconnues
Qui souffle des bonheurs
En marchant dans les rues

C'est un mélange de saveurs
Qui s'étirent dans la nuit
Et selon ses humeurs
Vous ennivre ou vous maudit

C'est une étrange fleur
Qui s'allume dans l'ombre
Des yeux vers sa rougeur
Et des cendres s'effondrent

Peu à peu les yeux s'allument
Et la fleur s'envole dans la
ronde
Vers des rêves qu'elle enfume
Pour les délivrer du monde.

Folie

Du bruit dans ma tête
Des pas dans mon ciel
Des flammes dans mes yeux
Des cendres sous mes pieds

Des cris dans mon cœur
Du brouillard sur ma route
Des larmes dans mon corps
De la boue sur mon âme

26

Mes doigts sont coupés
Mes mains ne peuvent caresser
Mes sens sont brisés
Mes lèvres vont crier

Je mange mes rêves
Je tue mes idées
Je détruis mes mots
J'arrache mes songes

J'ai mal dans mes jours
Je meurs dans mes nuits
J'ai peur de mourir
Je cherche ma vie.

Un jour d'hiver

Un jour où il tombait
Du ciel déchiqueté
Des guirlandes ouatées
Comme des rêves brisés

Pour en bas s'étaler
En un manteau glacé
Qui craquait sous les pieds
D'un silence gelé

Passait un étranger
Paraissant bien chargé
Sous son manteau troué
Et son sac rapiécé

Je me suis demandé
Où il voulait aller
Vers des rêves fanés
Ou vers l'éternité.

J'ouvrirai mes grands yeux
rouges

L'heure qui vient de s'enfuir
Comme d'autres de mon
existence
Qui se dissout dans mes
souvenirs
Et se fond dans
l'accoutumance

A-t-elle été bien plus réelle
Que mes rêves solitaires
Ou tout aussi artificielle

Que mes rêves éphémères

Cette poignée d'années
Qui me séparent de ma
naissance
Que m'a-t-elle donc apporté
Pour construire ma délivrance

Peut-être un peu d'amour
Et de bien belles amitiés
Qui firent s'écouler mes jours
Sans que je ne les regarde
passer

32

Peut-être quelques réflexions
Hantant ma conscience malade
Comme des vieux canons
Qui bombardent mes ballades

Peut-être quelques espérances
Qui me poussent dans le
chemin
Comme un vent d'insouciance
Qui accouchera de mes
demains

Puisque ce soir je me suis
penché

Sur les ruissellements de ma
vie
Et qu'un jour la Mort viendra
me chercher
Pour coucher dans son lit

Pourquoi ne pas tendre le
pouce
Si la chance veut bien s'arrêter
J'ouvrirai mes grands yeux
rouges
Qui sont restés longtemps
fermés.

Boomerang (Brumes 86)

Je veux être beau

Pourquoi veux-tu être beau?

Pour plaire aux femmes

Pourquoi veux-tu plaire aux
femmes?

Pour être aimé

Pourquoi veux-tu être aimé?

Pour être heureux

Pourquoi veux-tu être
heureux?

Parceque je suis malheureux

Pourquoi es-tu malheureux?

Parceque je ne suis pas aimé

Pourquoi n'es-tu pas aimé?

Parceque je ne plais pas aux femmes

Pourquoi ne plais-tu pas aux femmes?

Parceque je ne suis pas beau.

Buvons

Buvons mon ami
Buvons à notre ennemi
Buvons à la vie
Même si parfois elle trahit

Buvons à Baudelaire
Buvons à Voltaire
Buvons à des idées
Même si c'est au passé

Buvons à nos amis

Buvons à nos chéries

Même si c'est fini

Buvons à la nuit.

Souffles de vent

Des tourbillons d'eau écumante
Rabotent inexorablement
Comme une mort lente
Les roches lissées de temps

Le vent souffle en tourments
Ses aigreurs glaciales
Pour piquer nos calmes
instants
Au bord de nos cœurs en râles

Et des mouettes s'enfuient

Dans des cris couverts de vent

Comme nos cœurs se sourient

Au milieu de nos tourments.

Regard

Des mots qui s'enfuient
Se perdent dans tes yeux
Nos mains qui se lient
Et parlent de nous deux

Un regard qui se prolonge
Et doucement s'intensifie
Dans un même songe
On se promet la vie

Les décors qui s'estompent
Il ne reste que nos yeux
Nos mains qui se fondent
Dans un même vœu.

Absence (la traversée)

Nous naviguons sur le vaste
océan
De notre absence
Fétus de paille au milieu du
temps
Et de l'espérance
Il nous faut apprendre à être
patients
Sans nonchalance

Nos vaisseaux bien téméraires
Mais sans illusion

Croisent sur ces eaux amères

Avec tant de conviction

   Que les dieux sur nos vies

éphémères

Donnent l'absolution.

45

Comme les ailes d'un goéland

Comme les ailes d'un goéland
Mon cœur a volé partout
Et au fil du temps
S'est peu à peu rempli de vous

Vous amis d'enfance
Frères de jeux
Brûlant d'insouciance
Et riant du peureux

Vous camarades de classe
Prêtant un peu de vos vies
Pour fuir le temps qui passe
Et chasser le mortel ennui

Vous amours éternels
Consumés avec la nuit
Serments solennels
Trahis par la vie

Vous mes frères
Avec qui je partage mes rêves
A qui je confie mes prières
En buvant la même sève

Foule d'inconnus
Que je croise tous les jours
Avec qui ayant un peu trop bu
Je construirai des tours

Comme les ailes d'un goéland
Mon cœur a volé partout
Et au fil du temps
S'est peu à peu rempli de vous.

Une pierre

J'ai vu tant de siècles passer
Pour voir les années s'égrener
Des civilisations s'ériger
Qui tour à tour se succédaient

J'ai vu des armées se lever
Qui suivirent leurs destinées
Des civilisations s'effriter
Et des mondes s'effondrer

Moi une pierre
Un caillou un grain de
poussière
Qui court dans la rivière
S'érodant de toutes les prières.

Chrysalides

Sous les nuages
Gorgés de tempêtes
Leurs étranges visages
Torturés par la quête
Implorent les dieux
Définitivement muets
De l'eau plein les yeux
Et le cœur insatisfait

A travers les orages
Frappant leurs têtes
Guettant les présages

Approuvant leurs faits
Elles pleurent les cieux
Cruellement déchaînés
Sur leurs cocons poreux
Et si souvent malmenés

Toujours elles pleurent
Sous le ciel immense
Parfois elles meurent
Dans d'étranges souffrances
Déchirées par l'erreur
Perdues dans l'errance
Sous le vent de leurs humeurs
Laissent vieillir leurs chances

Quelques unes survivent
Le cœur las et poli
Rincé dans les eaux vives
Du torrent de la vie
Âmes désormais épurées
Des relents insipides
D'une existence frelatée
Condamnée au vide

Alors sur l'autre rive
Débarrassées de l'envie
A l'heure où tout arrive
Où tout peut être dit
Elles enlèvent fatiguées

Loin des passions avides
Et des rêves désespérés
Leurs manteaux de chrysalides.

Translation

Le tapis se déroule
Pour se perdre à l'horizon
Parfois la voie s'éboule
Et s'effrite sans raison
Est-ce bien lui qui coule
Ou sur son dos nous glissons

Quelques uns crient et roulent
Euphorie des sensations
D'autres s'aiment et
s'enroulent
En protégeant leurs bastions

Certains peinent et dessaoulent

En priant leur cohésion

Et les derniers s'écroulent

Fatigués des illusions

Le tapis se déroule

Et s'arrête à l'horizon

Alors si cette foule

Courait sans explication

Se battant en eau trouble

Pour décrypter sa raison.

Homo-Sapiens Experiment
(partie 1)

Des hautes herbes sèches
Sa silhouette dépasse à peine
Agenouillé au bord de l'eau
Il lave et essore la dépouille
De la bête tuée de sa flèche
Il la roule et la traîne
La racle avec son couteau
L'eau et la sueur mouillent
Son front et son poil revêche
Des chants s'élèvent de la
plaine

Du clan portant ses fardeaux

L'eau et la fange souillent

Son torse et les mèches

De sa longue toison d'ébène

Il jette un regard là-haut

Où le soleil se teinte de rouille

Il sort de l'onde fraîche

Pour suivre le sentier de la
plaine

Son trophée sur le dos

A l'heure où tout se brouille

Tandis que la fraîcheur le lèche

Son esprit perd haleine

Qu'y a-t-il là haut

Au milieu des étoiles qui

grouillent

Qui a allumé les mèches

De ces lueurs lointaines

Qui rebondissent dans l'eau

Sans que la nuit ne les mouille

Son chemin parfois si rêche

Insuffle toujours dans ses

veines

Quand son corps est en repos

D'étranges idées que son être

fouille.

Une idée

Et si tout
N'était qu'un souffle
Si tout
N'était qu'un songe
Si tout
N'était qu'une idée

Notre existence
Frêle esquif
Sur l'océan des rêves
Hisserait sa voile
Gonflée par la brise

De nos pensées

Nos peurs et nos doutes
Nos espoirs et nos souhaits
Nos colères et nos certitudes
Animeraient sans relâche
Le bateau errant
De notre destinée

Quelle est donc la substance
De ce monde en mouvement
Est-ce une conséquence
Ou juste une possibilité
Une onde qui se déroule

Ou juste une idée.

Attraction

L'éternité
Ou la nanoseconde
Tout est simultané
Par delà les mondes

Le fil du temps
Est la fine trace
Où le dedans
Invente l'espace

Nous créons des histoires
Pour expérimenter l'idée
Et projetons des espoirs
Que nos vies ont englué

L'existence est vaste
Si on le peut
Bien au-delà des castes
Dans le rien ou le peu

Pas à pas les physiciens
Ont mesuré l'Univers
Et si près de rien
Mène le calcul de la matière

Le principe d'incertitude
Formulé par Heisenberg
Démontre que nos certitudes
Amusent le chat de
Schrödinger

Que voyons finallement
De nos vies et du vaste monde
Un petit bout certainement
Sur quoi nos opinions se
fondent

La mélodie des galaxies
Vibre dans tous nos atomes
Et la gravité mystifie
L'évidence de nos axiomes

Vis vivons vivez
Vous n'êtes pas coupables
Aime aimons aimez
Vous êtes libres et responsables.

Homo-Sapiens Experiment
(partie 2)

Les dieux ont figé leurs regards

Dans la matière

Un sourire d'espoir

Sur leurs lèvres

Impatients de voir

Et d'éprouver

L'éternité dans l'amour

Sans l'assouvir

L'espace dépourvu de contours

Sans le parcourir

L'omniscience de tout
Sans le ressentir

Les dieux ont figé leurs regards
Dans leurs parcelles
Multipliant leurs avatars
Comme autant d'étincelles
Projetées dans le noir
Et le vide universel

Des mondes s'ouvrent alors
Partout dans l'infinité
L'éternité dès lors
Laisse le temps s'écouler

Attisant la danse des corps
Dans toutes ses possibilités

Les dieux ont figé leurs envies
Dans le vivant
Semant l'idée de survie
Sur notre plan
Laissant tout être en sursis
A chaque instant

Pas d'alternative au présent
Pour toutes les créatures
Sur les terres et les océans
Quelque soit leur nature

Pour rester vivant
Chaque pas est une aventure

Les dieux ont figé leurs espoirs
Dans le peuple singe
Agrandissant son territoire
Vers les plaines
Les vallées et les bois
Redressant sa silhouette
malingre

L'Homme parcours la savane
Le souffle haletant de peine
Traque sans relâche

Le gibier dans sa course vaine
C'est ainsi que commence
L'expérience de l'Homo-
Sapiens.

Je partirai

Je partirai
Quand la ligne sera franchie
Quand elle sera dépassée

Je vous laisserai
Seuls dans votre ligne de vie
Dans votre rêve éveillé

Nous sommes orphelins du
passé
Tout s'éteint même les cris
Tout s'éteint même l'été

Quand le flacon sera vidé
Que ma combustion sera finie
Que mes illusions seront
évaporées

Il vous restera les substances
éthérées
Souvenirs de mon chemin
accompli
Héritage d'une existence
apaisée

Je partirai

Quand la ligne sera franchie

Quand elle sera dépassée

Je vous laisserai

Apaisé et sans soucis

Battre le fer de vos destinées.

A mes enfants
Tristan, Marie, Chloé.

Note: La ponctuation est volontairement absente, sauf dans «Boomerang», pour vous laisser un total libre-arbitre dans votre lecture.